AF240056

L'UN DES DERNIERS

FORFAITS

DE

BUONAPARTE,

DÉCRIT

PAR LE MARQUIS DE WIDRANGES,

CONDAMNÉ PAR COUTUMACE.

(Voyez le *Journal de l'Empire* du 28 février, et le *Journal des Débats* du 16 avril 1814.)

PARIS,

IMPRIMERIE DE LE NORMANT.

1814.

L'UN DES DERNIERS

FORFAITS

DE BUONAPARTE.

———

DEPUIS ma rentrée en France, en 1801 ; je vivois à Troyes, ma patrie adoptive. Les armées coalisées y arrivèrent le 7 février. Je sus bientôt que l'intention des puissances étoit de connoître le vœu des Français avant de se déclarer pour la maison de Bourbon, et je formai, *seul*, le projet d'engager cette ville à se prononcer. J'y voyois pour elle la gloire d'être la première à manifester hautement son amour pour ses anciens maîtres, et les avantages qu'elle pouvoit en attendre. J'eus l'honneur de communiquer mon désir à S. A. R. M. le prince de Wurtemberg, à M. le feld-maréchal prince de Schwartzenberg, et même à M. le prince de Metternich, à qui M. le prince de Wurtemberg m'avoit adressé, comme gentilhomme de l'ancienne chevalerie de Lorraine ; allié à quantité de familles appartenantes à l'auguste maison d'Autriche-Lorraine.

Le premier de mes concitoyens à qui j'en parlai, fut le malheureux Gouault : il avoit été aide-major de la légion de Mirabeau ; il avoit servi sous les ordres de Mgr. le duc d'Enghien : c'étoit un excellent officier, plein d'honneur et de bravoure.

Le zèle des fidèles sujets du Roi fit une explosion subite ; en peu d'instans beaucoup de personnes signèrent une adresse à l'Empereur de Russie (*Voyez* le Journal des Débats, du 16 avril). M. le général Barclai de Tolly en obtint une audience, où neuf de nous furent admis. Ce furent M. de Gouault, *fusilié ;* M. de Richemont, *chevalier de Saint-Louis, mais qui n'en portoit pas la croix ;* M. de Montaigu, *ancien officier d'infanterie ;* M. Guëlon, *dont je parlerai plus tard ;* M. de Mengin de Salabert, et M. Corps Delacour-Bureau, *gentilshommes ;* M. Picard, *docteur-médecin ;* M. Jaquet, *négociant ,* et moi.

Chargé de porter la parole, je dis : « Sire,
» organes de la plupart des honnêtes gens de la
» ville de Troyes, nous venons mettre aux
» genoux de Votre Majesté l'hommage de leur

» plus humble respect, et la prier d'agréer le
» vœu que nous faisons tous pour le rétablisse-
» ment de la maison de Bourbon sur le trône
» de France. »

L'Empereur Alexandre nous répondit avec
bonté, qu'il nous savoit gré de notre démarche,
mais qu'il la croyoit prématurée ; que les chances
de la guerre étoient incertaines, et qu'il seroit
fâché de voir des braves, comme nous, sacrifiés ;
que les puissances attendoient que la France se
prononçât, mais qu'il vouloit que ce fût hors de
sa ligne, dans la crainte qu'on n'imaginât que
l'opinion ne fût influencée par la présence des
armées. Je me permis de représenter à S. M. que
c'étoit la chose impossible pendant tout le temps
que les Français seroient *sous le couteau*, et
qu'il étoit peut-être dangereux pour les trônes
de laisser au peuple la liberté de changer à
volonté la dynastie des souverains, etc. etc.

Le jour même (11 février) je partis pour
Bâle, sur l'invitation de M. le comte de Rochechouart, aide-de-camp de l'Empereur de Russie,
pour savoir si, comme on le disoit, S. A. R.
Monsieur, frère du Roi, y étoit arrivé, et lui
apprendre ce qui se passoit. Toutes autres com-
munications étoient interrompues. Monsieur me
reçut avec la bonté qui caractérise son illustre

maison. Je suivis S. A. R. à Vezoul ; je fus témoin de la satisfaction que sa présence donnoit à tous les Français, et de l'accueil qu'elle en reçut.

Quelques jours après je me mis en route pour Troyes. Au - delà de Chaumont , je trouvai au milieu de la bagarre de l'armée en retraite, M. de Rochechouart, qui me fit rétrograder , et même m'engagea à retourner à Vezoul pour apprendre à MONSIEUR que tout n'étoit pas désespéré ; que Buonaparte n'avoit pas accepté l'armistice , etc.

On sut à Vezoul que les alliés avoient repris l'offensive, et que le feld-maréchal étoit à Troyes. S. A. R. me dit d'aller chez moi pour y arranger mes affaires, et de m'y conduire avec prudence. « Oui, ajouta M. le comte de Trogoff, il ne s'agit pas de faire ici une tragédie. » Tout le monde étoit instruit des événemens ; on me les cachoit par amitié. Je n'appris qu'à Langres la mort de M. Gouault, et j'arrivai à Troyes sans savoir le rôle que j'avois failli de jouer dans *la tragédie.*

Je sus bientôt que Buonaparte, qui étoit convenu de n'arriver en cette ville que l'après-dînée , y étoit entré dès huit heures du matin ; qu'encore à cheval il avoit dit à un commissaire de police : « Il y a cinq personnes ici qui ont pris la croix de Saint-Louis. » — « V. M. est mal informée, lui répondit-il, il n'y en a que deux. » — « Quelles sont-elles ? » — « Ce sont M. de Widranges et M. Gouault. » — « Quelle est leur moralité ? » — « Je n'en ai jamais entendu dire que du bien. » — « Qu'on les arrête sur-le-champ. »

En effet, jusque-là restraint dans le plus petit cercle, j'y avois concentré mes désirs ; mais alors je m'étois montré hautement ; j'avois d'abord conseillé de mettre un drapeau blanc sur la tour à l'approche des alliés. Je fis imprimer mille exemplaires de la proclamation du Roi, et je les distribuai au milieu des rues, à tout venant, quelle que fût son opinion ; j'arborai ostensiblement la croix de Saint-Louis et le brassart blanc. J'étois électrisé au dernier degré ; je répondois aux remontrances de mes amis : « Il faut que quelqu'un se dévoue, se jette le premier au feu ; je m'y mets jusqu'au cou. » J'engageois tout le monde à en faire autant ; beaucoup m'approuvèrent, peu m'imitèrent aussi ouvertement.

D'après l'ordre de Buonaparte, un officier se présente chez moi avec un billet de logement ; il me demande, et trouve mauvais que le maître de la maison ne se présente pas pour recevoir un officier qui vient y loger. Sur la réponse que j'étois absent depuis huit jours, il fait entrer les gendarmes de la garde; on fouille du haut en bas, jusque dans les cheminées. On soutient qu'on m'a vu la veille; on menace mes gens de les mettre en prison, et l'on met garnison chez moi.

M. Gouault n'avoit pas voulu profiter des conseils qu'on lui avoit donné de s'éloigner; il avoit rejeté les offres d'un officier qui vouloit l'emmener avec lui. Sa femme, de laquelle il tenoit une grande fortune, et à laquelle il étoit très-attaché, eut une attaque de nerfs. Ne connoissant pas le danger qu'il couroit, elle lui dit : « Que deviendrai-je, si vous me quittez! » Son beau-père a quatre-vingt deux ans; il est infirme, et marche aux crosses. Il l'engageoit cependant à partir. Il s'obstina à rester, par une délicatesse exagérée, par une de ces fatalités dont on ne peut rendre compte, et par la persuasion où il étoit, suivant ce qu'il dit à M. Jaquet, que Buonaparte étoit trop bon politique pour annoncer qu'il existoit un parti royaliste, hautement prononcé, dans la ville, et qu'en conséquence il n'oseroit pas le faire arrêter. Pour achever de le peindre, qu'on me permette encore un mot. A la mort de Mgr. le duc d'Enghien, il avoit fait offrir sa tête pour sauver celle du prince, ainsi que M. Guelon-Mars, l'un de nos neuf, avoit offert la sienne à la Convention pour sauver celle du Roi.

Lorsque les gendarmes parurent chez lui, il crut que c'étoit ceux qu'il avoit logés quelque temps auparavant, alla au - devant d'eux; on le désigna, il fut arrêté. Conduit à l'hôtel-de-ville, un conseil militaire procédoit à son jugement, quand un officier se fit ouvrir la porte de la part de l'empereur, demanda si cela étoit fini. On lui répondit qu'on alloit aux voix. « Qu'on le fusille sur-le-champ ! l'empereur l'ordonne. » Pendant ce temps-là, Buonaparte avoit fait venir chez lui M. Bourgeois, chez lequel l'Empereur Alexandre avoit logé; il l'accabla d'injures, et même de mauvaises plaisanteries sur sa femme, la plus respectable qu'il y ait, et finit par lui dire : « Vous êtes bien heureux de n'être ni noble ni émigré; je vous ferois fusiller sur l'heure, comme je viens d'en donner l'ordre pour Gouault. »

Il n'y avoit pas une demi-heure que M. Gouault étoit entré à l'hôtel-de-ville, qu'on le vit sortir, garotté, ayant un écriteau devant et derrière, portant TRAITRE A LA PATRIE. On le conduisit sur la place des exécutions criminelles ; il ne voulut pas qu'on lui bandât les yeux ; il dit qu'il sauroit mourir pour son Roi, et il mourut en héros.... Son corps resta plus de trois heures sur place.

La soif sanguinaire de Buonaparte n'étoit pas étanchée ; la terreur qu'il avoit inspirée au dernier point, ne lui suffisoit pas ; il ordonna une information criminelle contre les sept autres individus qui s'étoient présentés à l'Empereur Alexandre, et contre M. de Bouï, qu'on supposoit avoir signé l'adresse, quoiqu'il ne l'eût pas fait. L'instruction fut commencée....

J'avois été condamné à la peine de mort par contumace, dans le même conseil de guerre ; mes biens avoient été confisqués, et des commissaires vinrent pendant quatre jours faire l'examen de mes papiers et de ma cave ; heureusement il n'y a eu que mon vin et quelques petits meubles qui ayent été compromis. On mit ensuite les scellés partout, jusque sur mes fenêtres. Au retour des alliés, la municipalité qui n'auroit pas dû envoyer de logement dans une maison sous le scellé, ou qui tout au moins auroit dû ne me donner que des officiers, comme elle étoit dans l'usage de le faire, mit chez moi quinze soldats sans aucun chef. Ceux-ci crurent probablement que c'étoit par dérision qu'on les envoyoit loger dans une maison dont les portes étoient fermées avec des bouts de papier ; ils rompirent les scellés à coups de hache, se permirent d'emporter tout ce qui leur convenoit, et me firent un tort de plus de mille écus.

J'arrivai quelques jours après : le lendemain matin, M. Nicolas, notaire, vint chez moi suivi d'un témoin ; ils furent étonnés de me trouver : votre présence, me dit M. Nicolas, m'évite un grand embarras ; je suis chargé par le maire, qui en a reçu l'ordre de M. le généralissime, de prendre l'état de votre fortune, et personne ne peut mieux que vous m'en donner connoissance. Quel en est le motif ? lui demandai-je. Je l'ignore, répondit-il, mais il faut l'apprécier à sa valeur Eh bien, ajoutai-je, voilà les titres de propriété. On voit que l'ordre en étoit donné bien avant mon arrivée.

A dix heures, deux officiers de M. le prince de Schwartzenberg se présentèrent chez moi, et me dirent qu'ils venoient de la part du général en chef me marquer l'intérêt qu'il prenoit à ma position, et me prier d'aller le soir chez lui.

J'allai ensuite rendre mes devoirs à M. le prince d'Hohenloe, gouverneur de la ville, de qui j'avois l'honneur d'être connu. Le prince de Schwart-zenberg, me dit-il, a donné ordre de prendre l'état de votre fortune, d'après sa valeur on la réalisera en espèces sonnantes, et l'on vous mettra à même d'exister partout, si Buonaparte conserve de l'autorité en France : vos biens resteront pour nantissement.

D'après les données de M. Nicolas, le prince d'Hohenloe avoit fait monter ma fortune à 60000 f. parce qu'il calculoit le capital de l'usufruit dont je jouis sur le pied de 20 p. 100. M. Gayot, secrétaire de préfecture, mais préfet par intérim; MM. Angenoust et Ruotte, conseillers, présentèrent, une requête au prince pour qu'on ne me payât rien; le prince me la renvoya; je peux la produire. Mais sur mon observation, que l'usufruit ne devoit être évalué qu'au denier dix, M. le gouverneur exigea une somme de 30,000 fr. en espèces, avec promesse de faire payer 8 à 10000 fr. de dettes que j'avois déclarées. Je savois parfaitement que le prince avoit pris des otages, mais j'ignorois qui ils étoient, et je croyois cette mesure prise pour faciliter la rentrée de toutes les espèces de contributions que l'on avoit mises sur le département. Mon ignorance venoit de ce que je ne voyois personne : la terreur étoit si fort répandue dans la ville, que j'aurois crains de compromettre mes amis en allant les voir.

Enfin, le 14 avril, M. le prince d'Hohenloe me fit remettre cette somme de 30000 f. en sac, et m'engagea à partir le plus tôt possible.

Je me dirigeai par Dijon sur Vezoul, où j'espérois trouver encore S. A. R. : elle en étoit partie pour aller en Lorraine. Je portois avec moi, comme Bias, tout mon avoir présent et futur. Il consistoit en quelque linge échappé au pillage, et en monnoies de tout pays qui ne pouvoient être échangées que dans une ville de commerce ; j'allai à Bâle. Bientôt la quantité de troupes qui encombroit la ville me poussa jusqu'à Fribourg en Brisgaw. Là, nous apprîmes enfin les heureux événemens qui changeoient le destin du Monde, et préparoient le bonheur de la France au travers des chances fâcheuses de la guerre qui la désoloit. MM. les officiers russes donnèrent à cette occasion une fête superbe, à laquelle furent invités nominativement tous les émigrés français du temps de Louis XVI.

Je me rendis à Troyes aussitôt que je le pus, et dès le lendemain de mon arrivée, je cherchai le mode de rendre les 30000 francs que j'avois reçus. J'appris alors, pour la première fois, que MM. Vernier, Loiselet, Aviat, Doè, Cogit et Camusat-Descarets avoient été détenus comme otages, et menacés d'être envoyés en Allemagne, si, dans deux fois vingt - quatre heures, ils ne fournissoient pas ladite somme. Le même jour, je leurs versai 20,000 fr. tant en numéraire qu'en effets, et je leur fis une obligation notariée de 10,000 fr., hypothéquée sur mes biens, payable dans un an, à raison de 6 p. 100 d'intérêt, et je payai aussi l'intérêt de deux mois à 6 p. 100 de la somme entière des 30,000 fr. Ils me donnèrent quittance du tout en date du 26 avril.

Ainsi, au lieu de profiter des bienfaits de M. le prince de Schwartzenberg, pour lequel je ne suis pas moins pénétré de la plus vive reconnoissance, il m'en coûte :

Pour frais de l'obligation de 10,000 fr.	190 f.
Pour l'intérêt de 30,000 fr. pendant deux mois.	300
Pour le change et non valeur des espèces.	150
Pour frais de route depuis le 11 février, retard occasionné par les circonstances et pour les accidens. . . .	2500
Pour le pillage de ma maison. . . .	3000
Total. . .	6140 f.

Après cela je me suis rendu à Paris, où j'attends les ordres du Roi et de S. A. R. MONSIEUR. Je me console de mes pertes, en criant de bon cœur avec tous les Français, *vive le Roi !*

Je me suis déterminé à faire imprimer ce récit laconique, parce que je sais que l'on fait plusieurs versions de ces faits, que personne ne peut connoître mieux que moi ; que la malignité et l'esprit de parti font courir des bruits injurieux aux fidèles serviteurs du Roi, et à moi. Si quelqu'un a le moindre doute sur la plus petite particularité de ce que j'avance, je m'engage, sur mon honneur, à le lui procurer par titres et pièces authentiques et en lui montrant la quittance des 30,000 fr., etc., etc. On saura toujours où me trouver en s'adressant, à Paris, à M. DE SARIGNI, rue du Port-Mahon, n° 8, près de la fontaine Michaudière.

CHARLES-ANTOINE marquis DE WIDRANGES.

Paris, le 6 mai 1814.